Pieter Klaas Jagersma

MEER MANAGEMENT WIJSHEDEN MET EEN KNIPOOG

2018
Uitgeverij Inspiration Press
Amsterdam/Antwerpen

© Pieter Klaas Jagersma
Omslagontwerp: JHN (United States of America)
Omslagillustratie: JHN (United States of America)

isbn-13   978-1985366-473
isbn-10   1985366479
nugi 684
cip

Voor mijn moeder

Voorwoord

Ruim drie jaar geleden verscheen het boek *400 Managementwijsheden met een knipoog*. Het schrijven van het boek *400 Managementwijsheden met een knipoog* was een verademing. Het is als 'huis-tuin-en-keuken'-filosoof zeer onderhoudend om met de letters van het alfabet te stoeien.

De meeste wijsheden ontstonden spontaan op de bank, in de auto, op de mountainbike, in de bergen, tijdens het hardlopen en een enkele keer achter het bureau tijdens het voorbereiden van een van de vele speeches die ik jaar in jaar uit geef. Enkele managementwijsheden deed ik - vaak in ruwe vorm - op tijdens intensieve sessies met binnenlandse en buitenlandse managers. Ook het polijsten van deze ruwe versies was *big fun*.

Het boek *400 Managementwijsheden met een knipoog* vroeg om een vervolg (schreeuwde om een vervolg moet ik eigenlijk zeggen). Ik had het voor u liggende boek - om eerlijk te zijn - veel eerder willen schrijven, maar *400 Managementwijsheden* liep zo goed dat een vervolg zelfs een jaar geleden tot 'kannibalisatie' had geleid.

Enkele maanden geleden ben ik weer achter de computer gekropen. Ik kon het niet laten. Ik heb mezelf een groot plezier gedaan door dit vervolg te schrijven. Ik hoop dat veel ondernemers, managers, management en marketing consultants, PR-consultants en studenten er net zo veel plezier aan beleven.

Het leuke en interessante van wijsheid (vooral met een knipoog) is, dat je er nooit genoeg van kunt krijgen. Het is de Wet van de Toenemende Meeropbrengsten in optima forma.

Het boek *Meer managementwijsheden met een knipoog* draag ik op aan mijn moeder. Ze heeft de afgelopen decennia de nodige wijsheid in mij 'geïnvesteerd'. Ik hoop dat het 'Rendement op het Wijselijk Vermogen' haar tot tevredenheid stemt. Veel leesplezier toegewenst!

Pieter Klaas Jagersma

Najaar 1999/herziene editie, voorjaar 2018

1.

Een leider doet buitengewone dingen en gewone dingen buitengewoon.

2.

Veel managers maken geen gebruik van advies, zij zouden het op hun beurt eveneens moeten laten.

3.

Marketing: 'wetenschappelijke' discipline waarbij een klant op een legitieme manier een poot wordt uitgedraaid.

4.

Boek van een managementgoeroe: geuren + kleuren + 2 kaftjes.

5.

Directie = bestuursorgaan waar dikwijls ego's regeren en manipulatietechnieken renderen.

6.

Managen = 20% bezig zijn + 80% theater.

7.

Internationalitis: hardnekkig virus dat in een mum van tijd een directie lamlegt.

8.

Er zijn deelverhalen, halve waarheden, leugens en rapporten van management consultants.

9.

Loyale medewerkers komen bovendrijven op de momenten dat je ze nodig hebt.

10.

Succesvolle ondernemers trekken altijd betere medewerkers aan, daarmee laten ze zien dat ze beter zijn dan hun medewerkers.

11.

Een goede klant is als een goed boek: ook dat lees je van A tot Z.

12.

Oninspirerende topmanager: iemand die lucht verplaatst in de slaap van zijn medewerkers.

13.

Met je hoofd in de wolken staan is prima, zo lang je maar met beide benen op de grond staat.

14.

Geweldige prestaties zijn doorgaans het resultaat van peilloze diepten.

15.

De afstand tussen een hoofdkantoor en een dochtermaatschappij wordt groter naarmate een hoofdkantoor meer sympathie voor een dochtermaatschappij gaat voelen.

16.

Houden van vrouwelijke managers is doorgaans geen probleem; vrouwelijke managers houden is een heel ander verhaal.

17.

Managers geven vorm aan ondernemingen; ondernemingen geven vorm aan managers.

18.

Het praktiseren van ondernemerschap is erg onderhoudend, vooral als je fouten maakt.

19.

Leidinggeven is vooral een kwestie van inspireren en suggereren in plaats van dogmatiseren en interveniëren.

20.

Managers veranderen zichzelf; ondernemers ontwikkelen zichzelf.

21.

Visionaire ondernemers houden erg van (lucht)kastelen.

22.

Concurreren met een partner vis-à-vis de concurrentie is lastig; concurreren zonder partner doorgaans lastiger.

23.

Succesvolle ondernemingen zijn zich in de eerste plaats bewust van hun vele beperkingen en in de tweede plaats van hun zeldzame mogelijkheden.

24.

Als klant moet je niet worden 'geholpen' maar worden 'bediend'.

25.

Medewerkers zijn net mobiele balansposten. Na vijven stroomt de balans leeg, terwijl je de volgende ochtend om negen uur maar weer moet hopen dat hij volloopt.

26.

Managementgoeroe: postmoderne bedrijfsapostel.

27.

Ondernemen is jongleren met dromen.

28.

Vaar als manager en ondernemer een zekere koers, maar twijfel voortdurend aan de kwaliteit van het kompas.

29.

De weg naar succes is voor een talentvol manager als ZOAB; je denkt dat je niks kan gebeuren, maar voordat je het weet begin je te schuiven.

30.

In het hedendaagse bedrijfsleven staat een uur eigenlijk voor 45 minuten.

31.

Een succesvolle onderneming geeft velen veel, maar niemand genoeg.

32.

Het creëren van de wortels van een onderneming heeft niet zelden een bittere nasmaak; het succes van een onderneming daarentegen smaakt in de regel zo zoet als honing.

33.

Goede initiatieven zijn beter dan slechte initiatieven en slechte initiatieven zijn beter dan geen initiatieven.

34.

Domme blonde vrouwelijke managers zijn doorgaans niet blond.

35.

Sommige managers zijn heel goed in bepaalde dingen, vooral omdat ze erg slecht zijn in heel veel andere dingen.

36.

Goed managementboek: geestverruimend middel voor een manager.

37.

Managers zijn vooral verantwoordelijk voor hetgeen ze niet doen.

38.

-40 graden Celcius = Etiket op het voorhoofd van een gewetenloos manager.

39.

Managers moeten niet door andere managers gewaardeerd worden, maar eerst en vooral om hun daden.

40.

Medewerker: iemand die goedkoop wordt ingekocht, duur wordt uitgezet en de bulk van de marge aan zijn/haar neus voorbij ziet gaan.

41.

Managers vragen om advies, maar eigenlijk zijn ze op zoek naar bevestiging.

42.

De kosten van een briljant idee zijn omgekeerd evenredig met de uitvoering daarvan.

43.

Jonge managers denken dat oudere collegae vaak niet bij de tijd zijn; oudere managers weten dat.

44.

In sommige onderhandelingssituaties is 'iets doen' vooral een kwestie van niets doen.

45.

Veel ondernemingen streven naar succes. Dat is goed en aanbevelenswaardig. Sommige ondernemingen zijn in de ban van succes. Dat is levensgevaarlijk.

46.

Sommige managers maken indruk zonder dingen te doen die indruk maken.

47.

Ondernemen is regels links en rechts voorbijsnellen.

48.

Een ondernemer zonder idealen is als een marktonderzoeker zonder feiten.

49.

In veel hedendaagse organisaties is verandering de enige constante.

50.

Een concurrentievoordeel is de tweelingzuster van ondernemerschap.

51.

Ondernemen = diepe littekens oplopen.

52.

Ook ondernemingssucces komt altijd voor de val.

53.

Idee: bijzonder schaars en daarmee zeer waardevol economisch goed.

54.

In theorie is er geen verschil tussen hoe het zou moeten, dan wel kunnen en hoe het gebeurt. In de praktijk van alledag is er vaak sprake van een groot verschil tussen hoe het zou moeten, respectievelijk kunnen en hoe het daadwerkelijk is gegaan.

55.

Denken is goed, durven is beter, doen is het beste.

56.

De essentie van ondernemen: op tijd veranderen.

57.

Europese eenwording: ellenlange discussies over grenzen die allang open zijn.

58.

Kopieerfabrikanten hebben de neiging elkaars strategieën te imiteren.

59.

De loopbaan van een veelbelovend manager begint altijd morgen - te laat.

60.

Als 'succes' op uw deurmat staat, laat haar dan vooral binnen.

61.

Een manager kan beter twijfelen dan geloven.

62.

Een ondernemer zonder geloof in wat hij doet, is geen ondernemer; een manager zonder geloof in wat hij doet, is zoals hij hoort te zijn - gewetenloos.

63.

Succesvolle consultant: onwetend iemand die aan de lopende band verrassend domme vragen stelt.

64.

De macht van een manager heeft veel gemeen met een spaarrekening: hoe minder het wordt gebruikt, hoe sneller het toeneemt.

65.

Topmanager: manager met veel ervaring, maar lang niet altijd de *juiste* ervaring.

66.

Imitatie leidt nooit tot duurzaam marktleiderschap; innovatie daarentegen wel.

67.

Een postzak vol (e)mail heeft vaak opvallend veel gemeen met een zak vol meel. Beide zijn in de regel gortdroog en smaakloos.

68.

'Stopzin' van een bedrijfsvoorlichter tegen de verzamelde pers: 'U weet blijkbaar meer dan ik'.

69.

Lang concurreren betekent er beide niet beter van worden.

70.

Ondernemen is als een suikerspin: vaak naar lucht happen en bij tijd en wijle smullen van de zoetigheid van succes.

71.

Innovativiteit is het resultaat van vragen, niet van antwoorden.

72.

Bedrijfstak: optelsom van veel imiterende en weinig innoverende ondernemingen.

73.

Het tot een goed einde brengen van een fusie dan wel een overname lijkt op het lopen van een marathon: je moet je krachten op de juiste manier gedurende de rit verdelen, beschikken over een lange adem en vooral niet in het zicht van de finish (en zeker niet erna) verzuren.

74.

Verander voortdurend, maar dan wel in de juiste richting.

75.

Vrijheid is de belangrijkste drijfveer van een ondernemer, geld van een manager.

76.

Electronische agenda: Ferrari die uit de garage genaamd 'koffer' wordt gehaald.

77.

Vergadering = woordendiarree.

78.

Kleine ondernemende eenheden zijn de Viagra voor grote marktpartijen.

79.

Faillissement: snelweg naar succes.

80.

De waarde van een werknemer wordt in sterke mate bepaald door zijn ambitie en in veel mindere mate door zijn prestaties.

81.

Managers met veel pijlen op hun boog schieten zelden in de roos.

82.

'Best goed zijn' is vooral een zaak van 'goed je best doen'.

83.

Veel managers hebben niets met hun medewerkers; veel medewerkers hebben niets met hun managers.

84.

Soms moet je met verandering stoppen om verandering teweeg te kunnen brengen.

85.

De eerste stap op weg naar succes is niet iedereen tevreden stellen.

86.

Management consultants weten haarfijn de fouten van een ander uit te vergroten, maar zijn niet in staat hun eigen fouten onder ogen te zien.

87.

Een leaseauto is een hardnekkiger verslaving dan alcohol, drugs dan wel sigaretten, terwijl de uiteindelijke gevolgen bij tijd en wijle hetzelfde zijn: dood en verderf.

88.

Een reputatie kun je niet kopen, maar moet je afdwingen.

89.

Pas als klant op voor managers die hun kantoorplanten laten verpieteren.

90.

Succesvolle ondernemers moeten vooral bereid zijn te mislukken.

91.

De meeste managers doen veel te veel en denken veel te weinig. Ziehier: de raison d'être van de consultant.

92.

Topondernemer: ondernemer met de ideale verhouding aan kennis, ervaring, inzicht en wijsheid.

93.

Een goede consultant is onbetaalbaar. Ook zijn rekeningen.

94.

Opgeven is de ergste vorm van falen.

95.

Een snelle concurrentievoorsprong vergt een lange en gedegen voorbereiding.

96.

Waar zwakke ondernemingen mee eindigen doen sterke ondernemingen in het begin.

97.

Enthousiasme: belangrijkste 'eigen vermogen' van een verkoper.

98.

De beste manier voor managers om met verandering om te gaan is het te veroorzaken.

99.

Een reputatie kun je niet verzekeren. Een reputatie kun je alleen verdienen.

100.

Regel 1: Wees als ondernemer altijd op uw hoede. Regel 2: Knoop regel 1 verdraaid goed in uw oren.

101.

Succesvol ondernemen is vaak de juiste dingen doen zonder dit van tevoren te weten.

102.

Ondernemer: architect van zijn eigen dromen.

103.

Verwacht van medewerkers wat je medewerkers aandoet.

104.

De moeizame startfase van een onderneming is de prijs die je moet betalen voor het uiteindelijke succes.

105.

Succesvolle ondernemers vinden zichzelf zelden succesvol, niet-succesvolle ondernemers overigens ook.

106.

Ondernemers vertellen wat ze doen; managers wat ze zouden doen.

107.

Gunst van een superieur = kooi met gouden tralies.

108.

In managementjargon bestaan geen zinvolle volzinnen.

109.

Succesvol ondernemen is vooral temperamentvol de tango dansen met toekomstige behoeften.

110.

Managers moeten meer uit een goed glas wijn halen dan een goed glas wijn uit managers.

111.

Een ondernemer moet zijn eigen product fantastisch vinden, pas dan is hij in staat om het succesvol te verkopen.

112.

Managers moeten tegen doelen aankijken en er niet op neerkijken.

113.

Managen is niets, ondernemen is iets, het verleggen van grenzen is alles.

114.

Managers die hun nek uitsteken krijgen sterke nekspieren waardoor molenstenen geen kans van slagen hebben hun desastreuze werk te doen.

115.

De consumptie van advies gaat doorgaans gepaard met veel gehik.

116.

Ondernemen = 2(Inspireren) * (Initiëren + Innoveren + Implementeren)

117.

Manager: lid van een sekte gericht op beheersing en onderdrukking.

118.

Ondernemen is een menselijke activiteit, maar het voelt goddelijk.

119.

Het leukste van ondernemen: ergens mee beginnen.

120.

Samenwerking: huzarenstukje waarbij niet tevreden partijen elkaar halverwege ontmoeten en alleen maar ontevredener worden.

121.

Ambitie en zelfoverschatting gaan vaak hand in hand.

122.

Maak altijd van mogelijkheden noodzakelijkheden.

123.

Oude managementfouten zijn interessanter dan nieuwe managementwijsheden.

124.

Succesvol grenzen verleggen is het resultaat van goed je eigen begrenzingen inzien.

125.

Als vijf managers het met elkaar eens zijn, zijn er vier overbodig.

126.

Ondernemers die vis willen eten, moeten soms verdraaid hoge golven trotseren.

127.

Personeelswet numero uno: 1/3 * 3 * 6 (eenderde van de huidige bemensing mag blijven, mag drie maal zo veel verdienen, maar moet zes maal zo hard werken).

128.

Vergadering: moeras der besluiteloosheid.

129.

Ondernemerschap moet altijd een vorm van rebellie zijn. De vraag is altijd: rebellie waartegen?

130.

Herstructureringen leiden altijd tot meer structuur.

131.

Managementfouten an sich zijn goed, alleen de manier waarop met dergelijke fouten wordt omgegaan, is doorgaans fout.

132.

Bestudeer feiten; het is de grondstof waar beslissingen van worden gemaakt.

133.

Een autobiografie van een topondernemer houdt je van het ondernemen af.

134.

Ambities moeten altijd in overeenstemming zijn met capaciteiten.

135.

Zonder ondernemers zouden er geen werknemers zijn.

136.

Het verschil tussen iets willen worden en iets zijn is vroeg opstaan.

137.

Synergie = teamwork.

138.

Het meest waardevolle bijproduct van effectief samenwerken is beïnvloeding.

139.

Wijsheid = Weten + Waarderen.

140.

Betrokkenheid is de basis van alle vooruitgang.

141.

Bedrijfsethiek = spiegel van het geloof en vertrouwen in het doen en laten van een onderneming en haar leiding.

142.

Het geven van het juiste advies is goed; het geven van het juiste voorbeeld is beter.

143.

Succesvol zijn is geduld hebben.

144.

Managen is samenwerken met mensen waar je weinig mee op hebt.

145.

Samenwerken is menselijk; concurreren goddelijk.

146.

Overeenkomst tussen een manager en een anesthesist: beide sussen je voortdurend in slaap.

147.

Standaardreactie van een topmanager bij een lastige vraag over de financiële verantwoording: 'Die cijfers heb ik zo een, twee, drie niet bij de hand'.

148.

Risicozoekende managers elimineren risico's.

149.

De loyaalste medewerkers hebben de kortste cv's.

150.

Hoe hoger de managementpositie, hoe geringer de kans op kaalheid (en omgekeerd).

151.

Ondernemen = genieten * (oorlog + topsport) - overheidsbemoeienissen.

152.

Te veel medewerkers worden beloond conform het aantal gewerkte uren in plaats van overeenkomstig de mate waarin een gegenereerd product in een manifeste, dan wel latente behoefte voorziet.

153.

Drie algemene kritische succesfactoren: skill + will + thrill.

154.

Zonder een ambitieus doel kun je als (jonge) manager niet scoren.

155.

Dogmatische managers denken nooit na.

156.

Rebelse ondernemers uit het verleden worden verheerlijkt; die uit het heden vooral tegengewerkt.

157.

Het uit de weg gaan van concurrenten is dom, het samenwerken met concurrenten is minder dom en het concurreren met concurrenten is het verstandigst.

158.

Besluiteloze managers weten niets.

159.

Steeds meer ondernemingen komen er in het buitenland achter wat ze in het binnenland niet goed doen.

160.

Succesvol concurreren is vooral een kwestie van goed zien en nog beter luisteren.

161.

Het is eenvoudiger met rivalen te concurreren dan met collegaondernemingen samen te werken.

162.

Managers zijn vaak goed op de hoogte van de verhouding tussen prijzen en kwaliteit, maar zelden van de verhouding tussen waarde en waarden.

163.

Gezonde concurrentie maakt de overheid vaak ziek.

164.

Succesvolle ondernemers geven niet zozeer de juiste antwoorden, maar stellen vooral de juiste vragen.

165.

Veel medewerkers hebben last van het 'een-twee-in-de-maat-anders-wordt-de-juffrouw-kwaad'-syndroom. Veel medewerkers dansen dan ook te zeer in het door hun superieur aangegeven ritme.

166.

Topmanagers zijn weliswaar de hoofdrolspelers in het spel van zet en tegenzet (concurrentie), maar de regie van het spel ligt steeds vaker in handen van de media.

167.

Achter een succesvol manager staan altijd succesvolle medewerkers.

168.

Door het ijs zakken is niet erg. Je blijft altijd leren, onder meer hoe je er zo snel mogelijk weer uit moet komen.

169.

Ondernemingen die vandaag consumeren, worden morgen opgeslokt.

170.

Een ondernemer hoeft niet door kennis en ervaring voortgestuwd te worden; wel door heel veel energie.

171.

Ondernemingen komen ergens vandaan en gaan ergens naartoe. Succesvolle ondernemingen weten waar ze vandaan komen en waar ze naartoe gaan.

172.

Egoïstische managers doen alles voor een ander - de klant wel te verstaan.

173.

Creativiteit: free-wheelen met je IQ.

174.

Managers die meer weten, maken meer fouten.

175.

Falen in de concurrentiestrijd is dikwijls het gevolg van te hard je best doen.

176.

Het effectueren van een fusie dan wel overname is als het renoveren van een huis: het duurt altijd langer dan de bedoeling was; zonder de juiste begeleiding loopt het op niets uit, en de financiële middelen die erin gestoken worden, worden zelden tot nooit terugverdiend.

177.

Business units waren vroeger afhankelijk van een hoofdkantoor. Vandaag de dag zijn ze onafhankelijk van een hoofdkantoor. De cruciale vraag is wanneer ze aanhankelijk zullen worden aan een hoofdkantoor.

178.

Het slagveld van de concurrentie is de baarmoeder der ideeën.

179.

Goede managers worden vooral gevoed door twijfels.

180.

Het budget van een manager geeft vooral aan wat niet mogelijk is. Juist daarom wordt een budget ook overschreden. Een goede manager wil het onmogelijke mogelijk maken. Eigenlijk zou het overschrijden van budgetten beloond moeten worden. De grenzen van het onmogelijke worden immers verlegd.

181.

Goede medewerkers doen dingen die moeilijk zijn zonder moeite; fantastische medewerkers doen dingen die voor goede medewerkers onmogelijk zijn.

182.

Internationale handel is de slagroom op de kop warme chocola die nationale staatshuishouding heet.

183.

Ondernemers die in hun droom geloven, zullen ook in alles moeten geloven wat nodig is om te geloven.

184.

De beste manier voor een management consultant om succesvol te adviseren aan een opdrachtgever is uit te zoeken wat hij wil en te adviseren datgene daadwerkelijk te doen.

185.

De grens tussen feiten en fictie is bij veel managers uitermate vaag.

186.

Managers met haast pakken een te grote koe bij de horens.

187.

Ambtenaar = Iemand die er alles aan doet om vooral geen beslissingen te hoeven nemen.

188.

Deze stellingen worden door meer managers gelezen dan gepraktiseerd.

189.

Ervaring is de ongepolijste edelsteen van het doen. Wijsheid de gepolijste.

190.

Respect is het cement van een organisatie.

191.

'9 to 5'-mentaliteit: 'killer'-virus voor verbeelding.

192.

Kleine ondernemingen bestaan niet. De grootte van ondernemingen moet afgemeten worden aan de grootte van hun leiders in plaats van aan de omvang van het werknemersbestand.

193.

Een transactie opent deuren, een relatie houdt ze open.

194.

Topmanagers adviseren kwalitatief hoogwaardig advies.

195.

Door regelmatig een scheve schaats te rijden gaan managers minder snel onderuit.

196.

Medewerker: schokbreker die ervoor zorgdraagt dat een onderneming voordat ze op de snelweg naar succes belandt, niet te veel schade oploopt.

197.

Het gaat in het bedrijfsleven niet om het trekken van aandacht, maar om het wekken van belangstelling.

198.

De meest gewilde medewerkers hebben een toekomst zonder een verleden (met zich mee te torsen).

199.

Zorg als ondernemer voor uw reputatie, dan zorgt uw reputatie voor u.

200.

Geloof de helft van wat een manager zegt en een kwart van wat je over een manager hoort. Geloof alles wat je van een manager ziet.

201.

Geen enkel ambitieus doel is op het eerste gezicht haalbaar. Dat is maar goed ook.

202.

Nieuwsgierige manager: manager die gierig is op nieuws.

203.

Baggeraars modderen niet zelden maar wat aan.

204.

De meeste succesvolle ondernemingen vertonen meer overeenkomsten met een repeterende rockband dan met een symfonie-orkest.

205.

Feiten op zich zeggen niets; de interpretatie van de feiten zegt echter alles.

206.

De beste leiders zijn nieuwsgierige leiders. Dergelijke leiders lijden niet zelden omdat ze zich laten leiden door wat ze niet weten in plaats van wat ze wel weten.

207.

Vooruitgang is meer het gevolg van waarschijnlijkheden dan van zekerheden.

208.

Veel managers maken zich schuldig aan een ernstige vorm van luchtverontreiniging - gebakken lucht.

209.

Baden in succes en watertrappelen om te overleven vinden niet zelden in hetzelfde zwembad plaats.

210.

Heineken brouwt doorgaans goede resultaten.

211.

De grootste vaardigheid van een manager is zijn vaardigheid vaardigheden van anderen te mobiliseren.

212.

Ondernemen is de optimale balans weten te vinden tussen initiatiefrijk zijn en kunnen afwachten.

213.

Reputatie = Rekening Courant Krediet van een ondernemer/manager.

214.

Ervaring is de meest bejubelde docent.

215.

Het gezicht van een zestigjarige topmanager zegt meer dan de tong van een dertigjarige consultant.

216.

De meeste managers behoeven medewerkers die hen laten doen wat zij kunnen.

217.

Aangebrande managers belanden net als aardappelen altijd in de puree.

218.

Een onderneming op zoek naar samenwerkingspartners moet er vooral zelf één zijn.

219.

Creatief ondernemen is niets meer, maar ook niets minder dan hetzelfde anders doen.

220.

Twijfel is de beste adviseur.

221.

Concurreren is als een abstract toneelspel - een spel (van zet en tegenzet), doorgaans moeilijk te doorgronden en het duurt bijna altijd te lang.

222.

Verschil tussen ondernemers en managers: ondernemers geloven, managers moeten het eerst (nog eens) zien.

223.

Dankzij een klein beetje ervaring zakt vaak veel theorie door het ijs.

224.

Zonder een 'snufje' grootheidswaanzin en een 'schijfje' machtswellust heeft ondernemen geen enkele zin.

225.

Multinationale rederijen moeten op gezette tijden schoon schip maken met hun verleden.

226.

Consultant: dief van uw schaarse tijd.

227.

Het bedrijfsleven en Hollywood hebben een ding ontegenzeggelijk gemeen: oudere (top-) mannen worden aantrekkelijker, oudere (top-) vrouwen worden onaantrekkelijker.

228.

Reorganisatie: al rijdend de wielen van een voertuig omwisselen.

229.

De moeder van alle bedrijfswetenschappen: praktijkervaring.

230.

Theoretische consultants voeren praktisch niets uit.

231.

Managementgoeroe: losse flodder.

232.

De ideale manager denkt praktijkgericht en handelt bedachtzaam.

233.

Een werknemer is een halve werkgever als een werkgever een werknemer niet meer kan missen.

234.

Public Relations (PR): oorlogsvoering met woorden.

235.

Take IT easy.

236.

Een manier om de concurrentiestrijd te winnen is door met concurrenten samen te gaan werken.

237.

Door feiten, niet door visie, kiest onwetendheid het hazenpad.

238.

Kennis en ervaring kunnen doorgaans volop worden toegepast. Het probleem met de overtreffende trap, wijsheid, is dat tegen de tijd dat je wijs bent, je er zelden meer van kunt profiteren.

239.

Het allerbelangrijkste voor een ondernemer is niet het realiseren van omzet, maar het creëren van een reputatie.

240.

De lengte van een speech van een manager is vaak omgekeerd evenredig met de betrouwbaarheid van de inhoud daarvan.

241.

Leiderschap is een schat, inzicht de sleutel die toegang verschaft.

242.

Sommige managers begrijpen waarin ze geloven; ondernemers lijken te geloven in wat ze begrijpen.

243.

Scherpe managers zijn vaak bot in de omgang met medewerkers.

244.

Veel IT-apparatuur is na het uitpakken uit de begeleidende dozen reeds verouderd.

245.

Het gebruiken van uw gezond verstand is niet zelden een ongezonde manier van werken.

246.

Raadgevende raadgevers veroorzaken vaak radeloosheid.

247.

De enige zekerheid van een ondernemer is zijn onzekerheid.

248.

Ervaring: automatische piloot.

249.

Slechte managers beslissen nooit en hebben nooit gelijk; goede managers beslissen veel en hebben soms gelijk. Geweldige managers ... bestaan niet.

250.

Soms moeten slechte managers gespaard worden om goede managers te worden.

251.

Managers die voor beslissingen wegvluchten, worden vaak al om de hoek voorbijgesneld.

252.

Secretaresse: manager van een manager.

253.

Van zware managers mag meer diepgang worden verwacht.

254.

Zien is goed, overzien is beter.

255.

De meeste inspiratiebronnen zijn tweedehands van aard.

256.

Innovatief zijn is gemakkelijk als je geen keuze hebt.

257.

Concurreren is 99 procent informatie.

258.

Ongeleide projectielen verrassen en bereiken daardoor altijd hun doel.

259.

De fusie- en overnamekoorts is de enige koorts die niets met de factor temperatuur te maken heeft.

260.

Anderen kennen is goed; jezelf kennen is beter en anderen beter kennen is het beste.

261.

Een goed antwoord is in sterke mate afhankelijk van de kwaliteit van de vraag.

262.

Coöperaties boeren in de regel niet goed.

263.

Geloof in resultaten van managers, niet in managers.

264.

Gezond verstand: alom aanwezig, zelden gebruikt.

265.

Een beslissing is zo goed als de informatie waarop ze is gebaseerd.

266.

Het is een vaardigheid je vaardigheden optimaal te benutten.

267.

Plannen maken = nuttige strategie om noodzakelijke beslissingen op de lange baan te schuiven.

268.

Te sterk gediversificeerd concern: mandje rotte eieren.

269.

Managers zien dingen niet zoals ze zijn, ze zien dingen zoals ze ze willen zien.

270.

Ondernemen zonder doel leidt uiteindelijk ergens toe: nergens.

271.

Veel ondernemingen die in theorie marktleider kunnen worden, zijn in de praktijk marktlijder.

272.

Managers met een vinger in de beleidspap hebben de krenten al naar binnen gewerkt.

273.

Jonge(re) managers geloven in alles, oude(re) managers - als het meezit - in zichzelf.

274.

Managers die 'op hun top zitten' houden het klimmen voor gezien.

275.

Sommige managers planten zo veel bomen dat ze het bos niet meer zien.

276.

Concurreren is net als roken: je raakt eraan verslaafd en het is vervelend voor je omgeving.

277.

Correcte managers mogen kritisch zijn; kritische managers moeten correct zijn.

278.

Het accepteren van advies is 'groter' dan het geven van advies.

279.

Teveel speeches van topmanagers zijn full colour stories, met het accent op colour.

280.

Het leiden van een grote multinationale onderneming is vaak een nachtmerrie waarvan niettemin vele duizenden managers dromen.

281.

Managers en medewerkers praten doorgaans veel met elkaar, maar vertellen elkaar weinig.

282.

De grootste fout van een manager is de angst een fout te maken.

283.

Ondernemers volgen hun innerlijke overtuiging, managers hun portemonnee.

284.

Succesvolle bedrijfsgroei en een soap-opera hebben één ding met elkaar gemeen: continuïteit.

285.

Managers die met beide benen op de grond staan, komen geen stap vooruit.

286.

Genie: mens met een overdosis gezond verstand.

287.

Een manager moet veel overleg plegen, maar eens en voorgoed beslissen.

288.

Het geven van advies getuigt niet noodzakelijkerwijs van een groot verstand; het accepteren van advies daarentegen wel.

289.

Ondernemen is als schaatsen met opgeplakte zigzagstrips: betere resultaten worden behaald als niet alles gladjes verloopt en er sprake is van de nodige tegenwind.

290.

Het verschil tussen een succesvolle profit- en een non-profitorganisatie is dat de eerste in de regel bestaat uit dwarsliggers ('nee-schudders'), terwijl de tweede een optelsom is van 'ja-knikkers'.

291.

Netwerkorganisatie = 3 * (organisatie + chaos) + instabiliteit.

292.

Ondernemers worden gekenmerkt door ongeloof in het ene en blind geloof in het andere.

293.

De kwaliteit van een manager komt vooral tot uiting in zijn naaste medewerkers.

294.

Manager: bureaucraat met haast.

295.

Teveel ondernemingen worden geleid door leiders in plaats van klanten.

296.

De ellebogen van veel Oost-Aziatische landen zijn pijnlijk voelbaar.

297.

Managementconsultant: echo van een manager.

298.

Een ondernemer is een persoon voor wie iedere inspanning ontspanning is, en iedere ontspanning inspannend is.

299.

Managementgoeroes zijn als kaarsen: zonder aandacht worden het nachtkaarsen - ze gaan altijd uit.

300.

Overtuiging: kurk waarop ondernemer drijft bij zwaar weer en tegenwind.

301.

Het probleem met marktleiders is dat ze het accent leggen op 'leiders' in plaats van op 'markt'.

302.

Waar macht en misplaatste arrogantie samenkomen bliksemt het.

303.

Een product dat niet overtuigend verkocht kan worden, zal nooit winstgevend te verkopen zijn.

304.

De belangrijkste taak van een leiding is goede leiders voortbrengen - volgers zijn er altijd genoeg.

305.

Wielklemmen zijn vaak een last; mondklemmen vaak een lust.

306.

Managers die wat vaker water bij de wijn doen bereiken sneller hun doel.

307.

Coaching is vaak leuker te geven dan te ontvangen.

308.

Ondernemerschap: 'Gezond verstand'-kunde.

309.

Leiderschap is geen talent, maar gewoon erg hard werken.

310.

Actief passief vergaderen is vermoeiend.

311.

Succesvol ondernemerschap wordt gepraktiseerd, niet bereikt.

312.

Beslissingen van managers zeggen meer over het moment waarop ze zijn genomen dan over de toekomst waarop ze betrekking hebben.

313.

President-directeur worden is leuker dan president-directeur zijn.

314.

Een ons 'inzicht' is meer waard dan 50.000 kilo feiten.

315.

Management consultant: verstrekker van een medicijn nadat de dood vaak al is ingetreden.

316.

Ken uw concurrent! De concurrent van vandaag is niet zelden de partner van (over)morgen.

317.

Een goede coach heeft meer invloed dan honderd professoren.

318.

De vraag wie een onderneming moet leiden is als vragen wie de ballen uit het doel moet houden: de keeper natuurlijk.

319.

Een reorganisatie is als een open-hartoperatie. De kans op het loslaten van een paar hechtingen is altijd aanwezig. Het direct trekken van een explosieve sprint is dan ook niet aan te raden.

320.

Uitmuntende leiders branden hun vingers nooit aan gewaagde prognoses.

321.

Managers die dankzij een training 'het licht' hebben gezien, worden hierdoor zonder uitzondering verblind.

322.

Het geven van adviezen zou tot veel ingrijpender gevolgen moeten leiden.

323.

Leiden: synoniem voor lijden.

324.

Innovativiteit begint bij mensen en ideeën, niet bij systemen, processen, structuren en strategieën.

325.

Veel rederijen zijn in financieel-economisch opzicht ware scheepsrampen.

326.

Een managementteam formeren is één, een managementteam bijeenhouden is twee, succesvol als managementteam samenwerken is drie.

327.

Realistische dromen zijn vaak grensverleggende daden.

328.

Ondernemerschap: veel rechten, nog meer plichten.

329.

Alleen leiders die zichzelf in de hand hebben, kunnen anderen in de hand houden.

330.

Waarheid is in het bedrijfsleven vooral tijdgebonden.

331.

Sommige ondernemingen vragen zich hardop af waarom zo veel van hun klanten zo verbitterd zijn, terwijl ze zelf de bron hebben vervuild.

332.

Manager: man/vrouw die alle hoop heeft opgegeven ooit een succesvolle ondernemer te worden.

333.

Sommige internationale avonturen zijn als een zacht bed: je klimt er zo in, maar komt er des te moeilijker weer uit.

334.

Plezier en pijn zijn twee zijden van de medaille die vooruitgang heet.

335.

Er zijn drie soorten managers: managers die dingen doen, managers die dingen zien gebeuren en managers die zich afvragen welke dingen er eigenlijk gebeuren.

336.

Leiderschap = kunst van het overtuigen.

337.

De toekomst van een bedrijf heeft veel gemeen met zijn verleden; het duurt alleen langer (als het goed is).

338.

De meeste organisatieproblemen hebben vooral behoefte aan gezond verstand in plaats van analyses van consultants.

339.

De 4 D's van Daadkracht: Dromen, Denken, Durven en Doen.

340.

Ondernemerschap is geen doel, maar een middel.

341.

De meeste leidinggevenden zijn tolerant, als hun ondergeschikten zich maar aanpassen.

342.

Van alle misère in een onderneming wordt altijd één partij beter - de management consultant.

343.

Het enige juiste medicijn voor een gebrek aan innovativiteit is een 'shot' ondernemerschap.

344.

Populistische krachtterm van tegenstanders van vroegere GATT, thans WTO: GATT-verdamme.

345.

Iedere al dan niet schaatsende topmanager is slechts één scheve schaats verwijderd van volslagen anonimiteit.

346.

Veel management consultants zijn meer geïnteresseerd in het probleem dan in de oplossing van het probleem.

347.

Zonder slechte managers zouden er geen management consultants zijn.

348.

Logica: litteken op de ziel van een ondernemer.

349.

Of de 'beste' manager ook 'goed' is, is nog maar de vraag.

350.

Commissaris: mens met een ongekend pettenprobleem.

351.

Medewerkers zien golf spelende managers als een grote handicap.

352.

Reorganisatie: proces waarin medewerkers als domme ganzen worden gezien en er als leverpastei weer uitkomen.

353.

Penetreer met ideeën, consolideer met methoden en triomfeer met verbeelding.

354.

Als het niet lukt de beste medewerkers aan te trekken, haal dan het beste uit hetgeen resteert.

355.

Ondernemerschap wordt bedreigd door de traagheid van enkelen; overheidsorganisaties bestaan bij de gratie van de traagheid van velen.

356.

Tussen managers bestaat geen vriendschap; het enige wat managers delen zijn belangen.

357.

Adviseurs verschijnen waar hersenen verdwijnen.

358.

Snellere starters herstellen sneller.

359.

Wat is de overeenkomst tussen een manager en een topmanager? De sokken van de topmanager zijn beter gevuld.

360.

Econo(m/v?)ie

361.

In de hedendaagse concurrentiestrijd draait het niet langer om de 'survival of the fittest', maar om de 'survival of the fitting'.

362.

Concurreren doe je vooral met je oren.

363.

Ondernemen is vaak een manier van (over)leven; managen is vaak (over)leven zonder manieren.

364.

Sommige topmanagers gooien louter en alleen ballast overboord, maar vergeten ondertussen het lek te dichten.

365.

Te veel ondernemingen zien klanten als abonnees.

366.

In te veel ondernemingen worden orderportefeuilles 'wachtlijsten' genoemd.

367.

Het enige verkeerde aan managen is dat we het zo vaak nodig hebben.

368.

Managers weten het altijd beter. Voor hen is niets onmogelijk. Daarom moeten medewerkers het ook uitvoeren.

369.

Veel ondernemingen willen; weinig ondernemingen kunnen.

370.

Ondernemingen die tot de kleinste van de groten en de grootste van de kleinen behoren, staan met één been in het faillissement.

371.

De business van een business unit is business.

372.

Vroeg opstaan is goed voor je geest en je portemonnee.

373.

Failliet gaan is de prijs die we betalen voor het privilege van ondernemerschap.

374.

Het ergste wat een ondernemer kan overkomen is terugkijken en een gebrek aan ondernemerschap constateren.

375.

Ondernemer: iemand die er uiteindelijk voor zorgt dat ambtenaren bureaucraatje kunnen spelen.

376.

Verbeelding kost niets, maar kan geweldig veel opleveren.

377.

Activiteiten van managers zijn vaak het resultaat van angst, soms het resultaat van zelfvertrouwen en hoogst zelden het resultaat van een weloverwogen oordeel.

378.

Ondernemingen hebben geen boven- en onderkant, maar een voor- en achterkant.

379.

Vertrouw nooit op je positie, maar altijd op je kennis van zaken.

380.

Het grote voordeel van ondernemerschap is dat het beste uit het minste wordt gehaald.

381.

Hoofdkantoor: orgaan waarvan 1 procent denkt en 99 procent denkt dat ze denkt.

382.

In de kledingindustrie draait het uiteindelijk om één ding: wie kleedt wie uit?

383.

Succesvolle ondernemer: iemand die in het donker altijd zijn weg vindt, en er anders wel één maakt.

384.

De woorden van managers kunnen nog ongedaan worden gemaakt; hun daden niet. Grijp tijdens het denken in, niet tijdens de uitvoering.

385.

Veel ondernemingen zijn een kerstboom in volle glorie, maar zonder kluit.

386.

Een snelle beslissing is altijd beter dan geen beslissing, al was het maar de beslissing niet te beslissen.

387.

De dagelijkse gang van zaken van medewerkers zou geëvalueerd moeten worden, niet hun prestaties.

388.

Spreek nooit over 'reorganiseren', maar altijd over 'transformeren'. Reorganiseren is vloeken in de kerk die bedrijfsleven heet.

389.

'Niche'-management is als flirten met een meisje in het donker. Jij weet precies hoe laat het is, de rest tast in het donker.

390.

In de huidige concurrentiestrijd gaat het niet om 'economies of scale' maar om 'economies of skills'.

391.

Leren kan niet zonder beslissingen te nemen: beslis!

392.

Managers lopen over medewerkers heen, ook als ze al op de grond liggen.

393.

Ervaring, de basis van een concurrentievoordeel, zal bij voorkeur in meerdere aanwendingsrichtingen moeten worden gebruikt. Er zal te allen tijde moeten worden voorkomen dat de eenmaal met veel inspanningen jegens de concurrentie opgebouwde ervaringsvoorsprong vanwege een verandering van de concurrentiële spelregels niet langer succesvol zal kunnen worden toegepast.

394.

Een ontkenning is gemakkelijker te veranderen dan een bevestiging.

395.

Het wachten op richtlijnen van het management hoe te handelen is als vragen of je een lek mag dichten; op het moment dat je terugkomt om actie te ondernemen zul je alleen nog maar een scheepswrak aantreffen.

396.

Succesvolle managers stijgen op de maatschappelijke ladder; succesvolle ondernemers stijgen vooral boven zichzelf uit.

397.

Iedere manager is niet bruikbaar; geen enkele manager is onbruikbaar.

398.

Medewerkers die tot een organisatie toetreden, zijn altijd ontevreden. Zij moeten immers op die manier hun welzijn handhaven, dan wel vergroten.

399.

Ondernemerschap is geen eindstation, maar een manier van reizen.

400.

Je kunt de marktvolgers niet sterker maken door de marktleiders zwakker te maken.

Over de auteur

Pieter Klaas Jagersma is ondernemer, lid van diverse raden van commissarissen van Nederlandse en buitenlandse internationals en als hoogleraar verbonden aan verschillende universiteiten en business schools.

Hij is auteur van vele boeken - waaronder diverse bestsellers - en schreef enkele honderden artikelen die in wetenschappelijke, vak- en overige bladen zijn verschenen. Hij heeft vele tientallen columns geschreven op de opiniepagina van Het Financieele Dagblad.

Pieter Klaas Jagersma is econoom en werkzaam geweest bij McKinsey & Company en (als managing director bij) KPN Finance, de financierings- en leasingmaatschappij van Koninklijke KPN.

www.ingramcontent.com/pod-product-compliance
Lightning Source LLC
Chambersburg PA
CBHW070205230526
45471CB00002B/832